The Clouds And The Mountain: Short Stories for Dutch Language Learners

Artici Bilingual Books

Published by Artici Bilingual Books, 2024.

While every precaution has been taken in the preparation of this book, the publisher assumes no responsibility for errors or omissions, or for damages resulting from the use of the information contained herein.

THE CLOUDS AND THE MOUNTAIN: SHORT STORIES FOR DUTCH LANGUAGE LEARNERS

First edition. March 20, 2024.

ISBN: 979-8224186433

Written by Artici Bilingual Books.

Table of Contents

De Stilte van de Regen

Het was een stille, grijze ochtend in het dorpje aan de rand van de wereld. De regen viel zachtjes neer, als fluisteringen van de hemel, terwijl de koele bries door de straten sloop. Jan stond aan het raam van zijn kleine huisje en staarde naar buiten, zijn hand rustend op de houten vensterbank. Hij hield van dit soort ochtenden, wanneer de wereld leek te sluimeren, gehuld in een deken van regendruppels.

Hij vulde zijn kopje met zwarte koffie, de damp ervan stijgend als kleine wolkjes in de kamer. Jan nam een slok en liet de warmte zijn keel strelen. Hij wist dat hij vandaag naar het veld moest gaan, de gewassen controleren, maar op dit moment voelde het alsof de tijd was bevroren, gevangen in de rust van de ochtend.

Toch wist hij dat hij niet kon blijven dralen. Hij zette zijn kopje neer, trok zijn jas aan en opende de deur naar buiten. De regen omhelsde hem met zijn zachte armen, en hij ademde de frisse geur van nat gras in. Met gebogen hoofd liep hij door de straten, zijn voetstappen nauwelijks hoorbaar op het natte plaveisel.

Het veld lag niet ver van het dorp, en al snel bereikte Jan de uitgestrekte akkers die zich uitstrekten tot aan de horizon. De regen was gestopt met vallen, maar de lucht was nog steeds zwaar van vocht. Jan begon zijn inspectie, zijn handen glijdend over de bladeren van de gewassen, zijn blik scherp op zoek naar tekenen van ziekte of plagen.

Terwijl hij liep, dwaalden zijn gedachten af naar zijn jeugd, naar de dagen dat hij samen met zijn vader op het land werkte. Ze zouden praten over alles en nog wat, terwijl ze de aarde omploegden en de zaden plantten. Maar die dagen waren lang vervlogen, begraven onder de last van de tijd. Plotseling werd Jan uit zijn mijmeringen opgeschrikt door een geluid achter hem. Hij draaide zich om en zag een gestalte naderen door het hoge gras. Het was Maria, de dochter van zijn buurman, haar gezicht bleek en getekend door zorgen.

"Goedemorgen, Jan," zei ze, haar stem zachtjes gedragen door de wind.

"Goedemorgen, Maria," antwoordde Jan, zijn stem net zo rustig.

Ze stond voor hem, haar ogen zoekend in de zijne, alsof ze iets belangrijks te zeggen had. Jan wachtte geduldig, wetende dat de stilte soms meer zei dan woorden.

"Ik heb je hulp nodig, Jan," zei Maria ten slotte, haar stem fluisterend als de wind. "Mijn vader is ziek, en ik kan het werk op de boerderij niet alleen aan."

Jan knikte begrijpend. Hij wist dat Maria's vader al een tijdje sukkelde met zijn gezondheid. Het was geen gemakkelijke tijd voor hen geweest.

"Ik zal je helpen, Maria," zei Jan eenvoudig. "Het is wat buren voor elkaar doen."

Een glimlach brak door op Maria's gezicht, als een zonnestraal die door de wolken breekt. Ze bedankte Jan en samen liepen ze naar de boerderij, hun voetstappen verloren in de stilte van de regen.

De dagen gleden voorbij als de bladeren die door de wind werden meegedragen. Jan en Maria werkten zij aan zij op het land, hun handen verstrengeld met de aarde, hun harten verbonden door een stille vriendschap. Onder de grijze lucht en de zachte regen vonden ze troost in elkaars gezelschap, in de wetenschap dat ze elkaar konden steunen in tijden van nood.

Op een dag, toen de zon eindelijk doorbrak door de wolken, stonden Jan en Maria samen op het veld, de warmte van de stralen op hun gezichten. Ze keken uit over de uitgestrekte akkers, waar de gewassen groeiden en bloeiden onder de zorgzame handen van hun arbeid.

"We hebben het gered, Jan," zei Maria, haar stem zachtjes trillend van emotie.

Jan glimlachte en legde zijn hand op haar schouder. "Samen," fluisterde hij.

The Silence of the Rain

It was a quiet, gray morning in the village at the edge of the world. The rain fell softly, like whispers from the sky, while the cool breeze crept through the streets. Jan stood at the window of his small house, gazing outside, his hand resting on the wooden windowsill. He loved mornings like this, when the world seemed to slumber, shrouded in a blanket of raindrops.

He filled his cup with black coffee, its steam rising like tiny clouds in the room. Jan took a sip and let the warmth caress his throat. He knew he had to go to the field today, to check on the crops, but at this moment, it felt as if time was frozen, captured in the stillness of the morning.

Yet he knew he couldn't linger. He put down his cup, put on his coat, and opened the door to the outside. The rain embraced him with its gentle arms, and he breathed in the fresh scent of wet grass. With bowed head, he walked through the streets, his footsteps barely audible on the wet pavement.

The field was not far from the village, and soon Jan reached the vast fields stretching to the horizon. The rain had stopped falling, but the air was still heavy with moisture. Jan began his inspection, his hands sliding over the leaves of the crops, his gaze sharp, searching for signs of disease or pests.

As he walked, his thoughts wandered to his youth, to the days when he worked on the land with his father. They would talk about everything and nothing, as they plowed the earth and planted the seeds. But those days were long gone, buried under the weight of time.

Suddenly, Jan was startled from his reverie by a sound behind him. He turned and saw a figure approaching through the tall grass. It was Maria, his neighbor's daughter, her face pale and marked by worries.

"Good morning, Jan," she said, her voice softly carried by the wind.

"Good morning, Maria," Jan replied, his voice just as calm.

She stood before him, her eyes searching his, as if she had something important to say. Jan waited patiently, knowing that sometimes silence spoke more than words.

"I need your help, Jan," Maria finally said, her voice whispering like the wind. "My father is sick, and I can't handle the work on the farm alone."

Jan nodded understandingly. He knew Maria's father had been struggling with his health for some time. It hadn't been an easy time for them.

"I'll help you, Maria," Jan said simply. "It's what neighbors do for each other."

A smile broke through on Maria's face, like a sunbeam breaking through the clouds. She thanked Jan, and together they walked to the farm, their footsteps lost in the silence of the rain.

The days passed like the leaves carried by the wind. Jan and Maria worked side by side in the fields, their hands entwined with the earth, their hearts connected by a silent friendship. Under the gray sky and the gentle rain, they found solace in each other's company, knowing they could support each other in times of need.

One day, when the sun finally broke through the clouds, Jan and Maria stood together in the field, the warmth of the rays on their faces. They looked out over the vast fields, where the crops grew and flourished under the caring hands of their labor.

"We made it, Jan," Maria said, her voice softly trembling with emotion.

Jan smiled and placed his hand on her shoulder. "Together," he whispered.

De Reis van de Zielenzoeker

Er was eens een man die door het leven dwaalde, op zoek naar de betekenis van zijn bestaan. Zijn naam was David, een eenvoudige ziel met een onrustig hart. Elke dag werd hij wakker met het gevoel dat er iets ontbrak, iets dat hem naar verre oorden lokte, weg van de veilige haven van zijn dagelijkse routine.

Op een kille avond, terwijl de maan hoog aan de hemel stond en de sterren twinkelden als lichtende gidsen, besloot David dat het tijd was om zijn reis te beginnen. Hij pakte zijn tas, gevuld met enkel het hoognodige, en verliet zijn huis zonder om te kijken. De straten waren stil, gehuld in een mysterieuze rust, terwijl David zijn weg baande door het doolhof van de stad.

Hij wist niet waar hij naartoe ging, alleen dat hij moest blijven bewegen, op zoek naar antwoorden die hij niet kon vinden in het alledaagse leven. De nacht was zijn metgezel, zijn schaduw op de weg van ontdekking. Hij liep langs donkere steegjes en verlaten pleinen, zijn gedachten als wilde paarden die hem voortdreven naar het onbekende.

Na dagen van zwerven bereikte David eindelijk de rand van de wereld, waar de zee zich uitstrekte tot aan de horizon. Het water glinsterde in het zachte licht van de opkomende zon, een uitnodiging tot avontuur die hij niet kon weerstaan. Hij liet zijn tas vallen en liep naar de kustlijn, zijn voeten begraven in het warme zand.

Terwijl hij naar de eindeloze uitgestrektheid van de oceaan keek, voelde David een diepe rust over zich komen, alsof hij eindelijk thuiskwam na een lange reis. Hij sloot zijn ogen en luisterde naar het ritmische geluid van de golven, een melodie die zijn ziel leek te omarmen en te troosten.

Plotseling hoorde hij een stem, fluisterend in de wind, een echo uit een ver verleden. Het was de stem van zijn grootvader, een wijze man die hem als kind verhalen had verteld over de mysteries van het leven. "Volg je hart, mijn jongen," zei de stem. "Het zal je leiden naar waar je moet zijn." Met hernieuwde moed stond David op en keek uit over de zee, vastbesloten om zijn hart te volgen, waarheen het hem ook zou leiden. Hij sprong in het water, zijn lichaam gewichtloos als een vogel in de lucht, en liet zich meevoeren door de stroming, verder en verder van de kust.

Dagen werden weken, weken werden maanden, en David bleef reizen, zijn geest als een vrije vogel die door de lucht zweeft. Hij ontmoette vreemdelingen van verre landen, luisterde naar hun verhalen en deelde zijn eigen dromen. Hij leerde de taal van de wind en de sterren, de geheimen van de natuur die fluisterden in zijn oren als oude vrienden.

Op een dag, toen de zon hoog aan de hemel stond en de wereld zich uitstrekte onder zijn voeten, vond David eindelijk wat hij zocht. Hij vond het in de glimlach van een kind dat hem begroette aan de poorten van een vergeten stad, in de eenvoudige daad van het delen van een maaltijd met vreemden die vrienden werden, in de liefde die hij voelde voor alles om hem heen.

En zo eindigde de reis van de zielenzoeker, niet met een dramatische wending of een grootse openbaring, maar met de vrede die hij vond in de kleine momenten van het leven, de schoonheid die hij ontdekte in de eenvoud van zijn eigen hart.

The Journey of the Soul Seeker

Once upon a time, there was a man who wandered through life, searching for the meaning of his existence. His name was David, a simple soul with a restless heart. Every day he woke up with the feeling that something was missing, something that lured him to distant lands, away from the safe haven of his daily routine.

On a chilly evening, while the moon hung high in the sky and the stars twinkled like guiding lights, David decided that it was time to begin his journey. He packed his bag, filled with only the essentials, and left his home without looking back. The streets were quiet, shrouded in a mysterious calm, as David made his way through the maze of the city.

He didn't know where he was going, only that he had to keep moving, searching for answers he couldn't find in everyday life. The night was his companion, his shadow on the path of discovery. He walked past dark alleys and deserted squares, his thoughts like wild horses driving him forward into the unknown.

After days of wandering, David finally reached the edge of the world, where the sea stretched out to the horizon. The water sparkled in the soft light of the rising sun, an invitation to adventure that he couldn't resist. He dropped his bag and walked to the coastline, his feet buried in the warm sand.

As he gazed out at the endless expanse of the ocean, David felt a deep peace wash over him, as if he were finally coming home after a long journey. He closed his eyes and listened to the rhythmic sound of the waves, a melody that seemed to embrace and comfort his soul.

Suddenly he heard a voice, whispering in the wind, an echo from a distant past. It was the voice of his grandfather, a wise man who had told him stories about the mysteries of life as a child. "Follow your heart, my boy," the voice said. "It will lead you to where you need to be."

With renewed courage, David stood up and looked out over the sea, determined to follow his heart wherever it might lead him. He plunged into the water, his body weightless like a bird in the sky, and let himself be carried away by the currents, farther and farther from the shore.

Days turned into weeks, weeks turned into months, and David continued to travel, his mind like a free bird soaring through the air. He met strangers from distant lands, listened to their stories, and shared his own dreams. He learned the language of the wind and the stars, the secrets of nature whispering in his ears like old friends.

One day, when the sun was high in the sky and the world stretched out beneath his feet, David finally found what he was searching for. He found it in the smile of a child who greeted him at the gates of a forgotten city, in the simple act of sharing a meal with strangers who became friends, in the love he felt for everything around him.

And so ended the journey of the soul seeker, not with a dramatic twist or a grand revelation, but with the peace he found in the small moments of life, the beauty he discovered in the simplicity of his own heart.

De Dans van de Vlinder

Op een zwoele zomeravond, waar de lucht gevuld was met de zoete geur van bloemen en de geluiden van de natuur in volle bloei waren, ontvouwde zich een betoverend tafereel in de tuin van Rosa's huis. De avondzon wierp haar laatste gouden stralen over de weelderige bloembedden, terwijl Rosa, een vrouw van middelbare leeftijd met een lach op haar gezicht en een twinkeling in haar ogen, haar geliefde tuin bewonderde.

Op deze bijzondere avond, terwijl Rosa de laatste hand legde aan haar bloembedden, voelde ze een ongewone opwinding in de lucht hangen. Het was alsof de vlinders om haar heen dansten, hun kleurrijke vleugels schitterend in het laatste licht van de dag. Rosa glimlachte en strekte haar hand uit naar een prachtige monarchvlinder die op een bloem neerstreek.

"Goedenavond, mijn vriend," zei Rosa met een zachte stem. "Wat brengt jou hier op deze betoverende avond?"

Plotseling hoorde Rosa een zachte stem achter zich. Ze draaide zich om en zag een jonge man staan, zijn ogen stralend in het licht van de ondergaande zon.

"Goedenavond, mevrouw," zei de jongeman met een glimlach. "Mag ik me voorstellen? Mijn naam is Mateo, en ik ben een reiziger op zoek naar avontuur."

Rosa keek verbaasd naar de vreemdeling, maar voelde zich meteen op haar gemak bij zijn vriendelijke uitstraling.

"Avontuur, zeg je?" antwoordde Rosa, haar ogen twinkelden van nieuwsgierigheid. "Vertel me meer over je reizen, Mateo. Ik ben altijd al gefascineerd geweest door verhalen van verre landen."

Terwijl ze spraken, begon de tuin om hen heen tot leven te komen. De vlinders leken geïnspireerd door hun gesprekken en dansten vrolijk rond hen, hun kleurrijke vleugels verlicht door de glinsterende sterren aan de nachtelijke hemel.

Plotseling hoorde Rosa een zachte melodie in de wind, een betoverend lied dat haar hart deed zingen van vreugde. Ze stond op en nodigde Mateo uit om met haar te dansen onder de fonkelende sterren.

Samen dansten ze door de tuin, hun lichamen bewegend op het ritme van de nacht. Het was alsof de tijd stil stond, en er was alleen maar Rosa, Mateo en de dans van de vlinders om hen heen.

Toen de ochtend aanbrak en de eerste zonnestralen door de bladeren van de bomen braken, voelde Rosa een diepe dankbaarheid in haar hart.

Mateo nam afscheid van Rosa met een belofte om haar weer te zien, en terwijl hij de tuin verliet, voelde Rosa een diepe innerlijke rust over zich komen. Ze wist dat ze nooit alleen was, zolang ze de dans van de vlinders in haar hart bleef voelen.

The Dance of the Butterfly

On a sultry summer evening, where the air was filled with the sweet scent of flowers and the sounds of nature were in full bloom, an enchanting scene unfolded in Rosa's garden. The evening sun cast its final golden rays over the lush flower beds, while Rosa, a middle-aged woman with a smile on her face and a twinkle in her eyes, admired her beloved garden.

On this particular evening, as Rosa put the finishing touches on her flower beds, she felt an unusual excitement in the air. It was as if the butterflies around her were dancing, their colorful wings shimmering in the last light of the day. Rosa smiled and reached out her hand to a beautiful monarch butterfly that landed on a flower.

"Good evening, my friend," Rosa said in a soft voice. "What brings you here on this enchanting evening?"

The butterfly fluttered happily around Rosa's head, as if understanding her words.

Suddenly, Rosa heard a soft voice behind her. She turned around and saw a young man standing there, his eyes shining in the light of the setting sun.

"Good evening, madam," said the young man with a smile. "May I introduce myself? My name is Mateo, and I am a traveler in search of adventure."

Rosa looked surprised at the stranger but immediately felt at ease with his friendly demeanor.

"Adventure, you say?" replied Rosa, her eyes sparkling with curiosity. "Tell me more about your travels, Mateo. I have always been fascinated by stories of distant lands."

As they spoke, the garden around them came to life. The butterflies seemed inspired by their conversations and danced joyfully around them, their colorful wings illuminated by the sparkling stars in the night sky.

Suddenly, Rosa heard a soft melody in the wind, an enchanting song that made her heart sing with joy. She stood up and invited Mateo to dance with her under the twinkling stars.

Together they danced through the garden, their bodies moving to the rhythm of the night. It was as if time stood still, and there was only Rosa, Mateo, and the dance of the butterflies around them.

When morning came and the first rays of sunlight broke through the leaves of the trees, Rosa felt a deep gratitude in her heart.

Mateo bid farewell to Rosa with a promise to see her again, and as he left the garden, Rosa felt a deep inner peace wash over her. She knew that she was never alone as long as she continued to feel the dance of the butterflies in her heart.

13

De Man die de Stilte doorbrak

In het slaperige stadje aan de rand van de rivier leefde een man die bekend stond als Jacques Dupont. Hij was een stille, teruggetrokken figuur die zelden de aandacht trok. Zijn dagen bracht hij door in zijn kleine huisje aan de oever, waar hij zijn tijd vulde met eenvoudige taken en mijmeringen over het leven.

Maar op een dag werd de rust van het stadje verstoord door een schokkende gebeurtenis. Er werd een moord gepleegd, de eerste in de geschiedenis van het stadje. De mensen fluisterden angstig over de gruweldaad en keken met argwaan naar hun medebewoners, zich afvragend wie tot zoiets verschrikkelijks in staat zou zijn.

In de nasleep van de moord werd Jacques Dupont plotseling het middelpunt van de aandacht. Hij werd gezien als een verdachte vanwege zijn stille, mysterieuze aard en zijn afgelegen levensstijl. De mensen begonnen hem met argwaan te bekijken, fluisterend over zijn mogelijke betrokkenheid bij de misdaad.

Jacques voelde de ogen van het stadje op hem gericht terwijl hij door de straten liep, zijn hoofd gebogen en zijn gedachten verzonken. Hij wist dat hij onschuldig was, maar de verdenkingen van de mensen om hem heen begonnen aan hem te knagen.

Op een avond, terwijl de maan hoog aan de hemel stond en de straten verlaten waren, besloot Jacques dat het tijd was om de stilte te doorbreken. Hij liep naar het lokale politiebureau en vroeg om de inspecteur te spreken, vastbesloten om zijn onschuld te bewijzen en de ware dader te vinden.

Inspecteur Jansen, een doorgewinterde politieman met een scherp oog voor detail, luisterde aandachtig naar Jacques' verhaal. Hij was onder de indruk van de vastberadenheid van de stille man en beloofde hem te helpen de waarheid aan het licht te brengen.

Samen begonnen ze aan een zoektocht naar aanwijzingen, graven diep in het verleden van het stadje en ondervragend degenen die mogelijk meer wisten over de moord. Terwijl ze werkten, ontdekten ze geheimen en leugens die begraven lagen onder het oppervlak van het ogenschijnlijk vredige stadje.

Langzaam maar zeker begonnen ze de puzzelstukjes in elkaar te passen, elk detail dat ze ontdekten bracht hen dichter bij de waarheid. En toen, op een koude winteravond, stonden Jacques en inspecteur Jansen voor de deur van een huis aan de rand van de stad, waar ze de laatste aanwijzingen vonden die hen leidden naar de dader.

De moordenaar, een man die in het stadje had gewoond en gewerkt als een ogenschijnlijk respectabele burger, bekende zijn misdaad toen hij werd geconfronteerd met het bewijs dat Jacques en inspecteur Jansen hadden verzameld. Hij werd gearresteerd en meegenomen naar het politiebureau, waar hij werd berecht voor zijn daden.

Terwijl het stadje weer tot rust kwam en de mensen hun dagelijkse leven hervatten, bleef Jacques Dupont een mysterieuze figuur in de ogen van velen. Maar voor inspecteur Jansen was hij een held, een man die de stilte doorbrak en het recht liet zegevieren in een wereld van geheimen en leugens.

The Man Who Broke the Silence

In the sleepy town on the edge of the river lived a man known as Jacques Dupont. He was a quiet, withdrawn figure who rarely drew attention. He spent his days in his small cottage by the shore, filling his time with simple tasks and pondering about life.

But one day, the tranquility of the town was disrupted by a shocking event. A murder was committed, the first in the history of the town. People whispered fearfully about the atrocity and looked suspiciously at their fellow residents, wondering who could be capable of such a terrible act.

In the aftermath of the murder, Jacques Dupont suddenly became the center of attention. He was seen as a suspect because of his silent, mysterious nature and his reclusive lifestyle. People began to view him with suspicion, whispering about his possible involvement in the crime. Jacques felt the eyes of the town on him as he walked through the streets, his head bowed and his thoughts deep. He knew he was innocent, but the suspicions of the people around him began to gnaw at him.

One evening, while the moon was high in the sky and the streets were deserted, Jacques decided it was time to break the silence. He walked to the local police station and asked to speak to the inspector, determined to prove his innocence and find the true culprit.

Inspector Jansen, a seasoned policeman with a keen eye for detail, listened attentively to Jacques' story. He was impressed by the determination of the silent man and promised to help him uncover the truth.

Together, they embarked on a search for clues, digging deep into the town's past and interrogating those who might know more about the murder. As they worked, they uncovered secrets and lies buried beneath the surface of the seemingly peaceful town.

Slowly but surely, they began to piece together the puzzle, each detail they discovered bringing them closer to the truth. And then, on a cold winter evening, Jacques and Inspector Jansen stood at the door of a house on the outskirts of town, where they found the final clues that led them to the culprit.

The murderer, a man who had lived and worked in the town as an apparently respectable citizen, confessed his crime when confronted with the evidence Jacques and Inspector Jansen had gathered. He was arrested and taken to the police station, where he was tried for his actions.

As the town returned to calm and people resumed their daily lives, Jacques Dupont remained a mysterious figure in the eyes of many. But for Inspector Jansen, he was a hero, a man who broke the silence and let justice prevail in a world of secrets and lies.

De Reis van August

August zat op zijn vertrouwde plekje op de oude houten bank in het park, omgeven door het zachte gefluister van de bladeren en het verre geluid van spelende kinderen. Hij was een man van middelbare leeftijd, met een vermoeide blik in zijn ogen en een gevoel van rusteloosheid dat hem al lang achtervolgde.

Het was een warme zomerdag, de lucht zinderend van hitte en beloftes van verandering. August staarde naar de voorbijgangers, zijn gedachten afdwalend naar verre plaatsen en verloren dromen. Hij verlangde naar avontuur, naar iets nieuws en opwindends dat zijn saaie leven kon doorbreken.

Plotseling voelde August een onweerstaanbare drang om op reis te gaan, om de wereld buiten zijn vertrouwde omgeving te verkennen en te ontdekken wat er nog meer te zien was. Zonder aarzeling stond hij op van de bank en begon te lopen, zijn voeten hem leidend naar onbekende bestemmingen en onverwachte ontmoetingen.

Zo begon de reis van August, een zoektocht naar betekenis en vervulling die hem door de straten van de stad voerde en verder, naar afgelegen dorpen en uitgestrekte landschappen. Hij ontmoette mensen van alle rangen en standen, van straatartiesten tot filosofen, elk met hun eigen verhaal en wijsheid om te delen.

Maar hoe ver August ook reisde, hij kon niet ontsnappen aan de last van zijn eigen gedachten en gevoelens. Hij voelde zich verloren en eenzaam, een vreemdeling in een vreemd land, op zoek naar iets dat hij niet kon vinden.

Op een dag, terwijl hij door een verlaten veld liep, ontmoette August een oude man die onder een boom zat te rusten. De man glimlachte vriendelijk naar August en nodigde hem uit om naast hem te komen zitten.

"Waar gaat jouw reis naartoe, jongeman?" vroeg de oude man, zijn stem zacht en geruststellend.

August zuchtte diep en keek naar de horizon, waar de zon langzaam onderging achter de glooiende heuvels.

"Ik weet het niet," antwoordde hij eerlijk. "Ik zoek naar iets, maar ik weet niet wat het is."

De oude man knikte begrijpend en legde een hand op Augusts schouder. "Soms is het niet de bestemming die telt, maar de reis zelf," zei hij op kalme toon. "Misschien moet je stoppen met zoeken en gewoon genieten van het moment."

August dacht na over de woorden van de oude man en besefte dat hij gelijk had. Misschien was het tijd om te stoppen met zoeken naar iets buiten zichzelf en te beginnen met luisteren naar wat zijn hart hem vertelde.

En zo zat August daar, onder de oude boom, zijn gedachten dwalend over de reis die voor hem lag. Hij voelde een gevoel van vrede en acceptatie over zich heen komen, wetende dat hij misschien niet wist waar hij naartoe ging, maar dat hij gelukkig was om gewoon te zijn waar hij was.

En terwijl de zon langzaam onderging en de wereld in duisternis hulde, voelde August zich vervuld van een diepe dankbaarheid voor de reis die hem had geleid naar dit moment van innerlijke rust en vrede. Want soms, realiseerde hij zich, is de grootste schat die we kunnen vinden niet buiten, maar binnenin onszelf.

August's Journey

August sat on his familiar spot on the old wooden bench in the park, surrounded by the soft whisper of leaves and the distant sound of playing children. He was a middle-aged man, with a weary look in his eyes and a sense of restlessness that had haunted him for a long time.

It was a warm summer day, the air shimmering with heat and promises of change. August gazed at the passersby, his thoughts drifting to distant places and lost dreams. He longed for adventure, for something new and exciting to break the monotony of his dull life.

Suddenly, August felt an irresistible urge to go on a journey, to explore the world beyond his familiar surroundings and discover what else was out there. Without hesitation, he stood up from the bench and began to walk, his feet leading him to unknown destinations and unexpected encounters.

And so began the journey of August, a quest for meaning and fulfillment that took him through the streets of the city and beyond, to remote villages and vast landscapes. He met people of all walks of life, from street performers to philosophers, each with their own story and wisdom to share.

But no matter how far August traveled, he could not escape the burden of his own thoughts and feelings. He felt lost and alone, a stranger in a strange land, searching for something he could not find.

One day, while walking through an abandoned field, August met an old man resting under a tree. The man smiled kindly at August and invited him to sit beside him.

"Where is your journey taking you, young man?" the old man asked, his voice soft and reassuring.

August sighed deeply and looked at the horizon, where the sun was slowly setting behind the rolling hills.

"I don't know," he answered honestly. "I'm searching for something, but I don't know what it is."

The old man nodded understandingly and placed a hand on August's shoulder.

"Sometimes, it's not the destination that matters, but the journey itself," he said calmly. "Perhaps you should stop searching and simply enjoy the moment."

August pondered the old man's words and realized that he was right. Perhaps it was time to stop searching for something outside of himself and start listening to what his heart was telling him.

And so, August sat there, under the old tree, his thoughts wandering about the journey that lay ahead of him. He felt a sense of peace and acceptance wash over him, knowing that he might not know where he was going, but that he was happy to simply be where he was.

And as the sun slowly set and the world was enveloped in darkness, August felt filled with a deep gratitude for the journey that had led him to this moment of inner peace and contentment. For sometimes, he realized, the greatest treasure we can find is not outside, but within ourselves.

De Verloren Zoon

In een vergeten dorpje, verscholen tussen de heuvels en omringd door een zee van mist, leefde een man genaamd Jonas. Hij was een eenzame ziel, met een gezicht getekend door de tijd en ogen vol van verdriet. Zijn leven was gevuld met spijt en verlangen naar iets dat hij lang geleden had verloren.

Jonas had ooit een zoon gehad, een jongen met blonde krullen en een lach zo helder als de zon. Maar op een dag was de jongen verdwenen, spoorloos verdwenen in de duisternis van de nacht. Jonas had gezocht en gezocht, zijn hart gebroken door verdriet, maar hij had zijn zoon nooit meer gevonden.

En dus leefde Jonas zijn dagen in eenzaamheid, zijn hart zwaar van verlies en spijt. Hij dwaalde door de straten van het dorp, zijn gedachten altijd bij zijn verloren zoon, hopend op een glimp van hem in de menigte.

Op een koude winteravond, terwijl de sneeuw zachtjes neerdaalde en de lucht gevuld was met de geur van houtvuur, besloot Jonas om nog één keer op zoek te gaan naar zijn zoon. Hij trok zijn jas strak om zich heen en begon aan zijn reis, zijn voeten hem leidend naar verre oorden en onbekende bestemmingen.

Zijn reis bracht hem door dichte bossen en besneeuwde bergtoppen, langs verlaten dorpen en donkere steegjes. Hij ontmoette mensen van alle rangen en standen, elk met hun eigen verhaal en verlangens, maar geen van hen kon hem vertellen waar zijn zoon was.

En zo dwaalde Jonas door de wereld, zijn hart gebroken en zijn geest vervuld van wanhoop. Maar net toen hij dacht dat alle hoop verloren was, gebeurde er iets onverwachts.

Op een dag, terwijl hij door een oud kasteel liep, hoorde Jonas een stem roepen vanuit een vergeten hoekje van de ruïnes. Hij volgde het geluid en ontdekte een jongen, met blonde krullen en een lach zo helder als de zon.

Het was zijn zoon, levend en wel, maar veranderd door de jaren van afzondering en eenzaamheid. Jonas omhelsde zijn zoon met tranen in zijn ogen, zijn hart vervuld van vreugde en opluchting.

Samen begonnen Jonas en zijn zoon aan een reis terug naar huis, hun harten vervuld van hoop en verlangen naar een nieuw begin. Ze liepen hand in hand door de besneeuwde velden, de warmte van het vuur in hun harten hen leidend naar een toekomst vol van beloftes en mogelijkheden.

The Lost Son

In a forgotten village, nestled among the hills and surrounded by a sea of mist, lived a man named Jonas. He was a solitary soul, with a face marked by time and eyes filled with sorrow. His life was filled with regret and longing for something he had lost long ago.

Jonas had once had a son, a boy with blond curls and a laugh as bright as the sun. But one day, the boy had disappeared, vanished without a trace in the darkness of the night. Jonas had searched and searched, his heart broken with grief, but he had never found his son again.

And so, Jonas lived his days in solitude, his heart heavy with loss and regret. He wandered through the streets of the village, his thoughts always with his lost son, hoping for a glimpse of him in the crowd.

On a cold winter evening, while the snow gently fell and the air was filled with the scent of wood smoke, Jonas decided to search for his son one last time. He wrapped his coat tightly around him and began his journey, his feet leading him to distant lands and unknown destinations.

His journey took him through dense forests and snowy mountain peaks, past abandoned villages and dark alleys. He met people of all ranks and classes, each with their own story and desires, but none of them could tell him where his son was.

And so, Jonas wandered through the world, his heart broken and his mind filled with despair. But just when he thought all hope was lost, something unexpected happened.

One day, while walking through an old castle, Jonas heard a voice calling from a forgotten corner of the ruins. He followed the sound and discovered a boy, with blond curls and a laugh as bright as the sun.

It was his son, alive and well, but changed by the years of isolation and loneliness. Jonas embraced his son with tears in his eyes, his heart filled with joy and relief.

Together, Jonas and his son began a journey back home, their hearts filled with hope and longing for a new beginning. They walked hand in hand through the snowy fields, the warmth of the fire in their hearts leading them to a future full of promises and possibilities.

De Reis van de Zielenzoeker

Er was eens een man genaamd Ruben, een eenvoudige ziel met een verlangen dat diep in zijn hart brandde. Hij droomde ervan om de wereld te ontdekken, niet alleen de fysieke wereld om hem heen, maar ook de innerlijke wereld van de ziel.

Ruben woonde in een klein dorpje aan de rand van de grote stad, waar de mensen leefden in de dagelijkse sleur van het leven. Maar voor Ruben was er meer dan alleen de alledaagse routine. Hij voelde een onstilbare honger naar kennis, naar wijsheid die verder reikte dan wat hij kon zien en aanraken.

Op een dag nam Ruben een besluit dat zijn leven voorgoed zou veranderen. Hij besloot om op reis te gaan, niet alleen naar verre landen en exotische oorden, maar ook naar de diepten van zijn eigen ziel. Hij wilde de waarheid ontdekken, over het leven, de liefde en de essentie van het menselijk bestaan.

En dus begon Ruben aan zijn reis, zijn voeten hem leidend naar onbekende bestemmingen en onverwachte ontmoetingen. Hij zwierf door de straten van de stad, waar hij de verhalen van vreemdelingen hoorde en de geuren van exotisch voedsel rook. Hij doorkruiste de woestijn, waar de hitte zijn huid verbrandde en zijn dorst zijn keel schroeide. Hij klom naar de top van de berg, waar de lucht ijl was en zijn adem stokte in zijn borst.

Maar het was niet alleen de fysieke wereld die Ruben ontdekte tijdens zijn reis. Hij ontmoette wijze mannen en vrouwen die hem de geheimen van het universum onthulden, die hem leerden over de kracht van liefde en de betekenis van het leven. Hij dook diep in zijn eigen ziel, waar hij geconfronteerd werd met zijn diepste angsten en verlangens, zijn donkerste geheimen en helderste dromen.

En terwijl Ruben zijn reis voortzette, groeide zijn begrip van de wereld en van zichzelf. Hij leerde dat het leven een reis is, een reis van ontdekking en groei, van vallen en opstaan, van liefde en verlies. En hij leerde dat de waarheid niet altijd te vinden is in de grote gebaren en woorden, maar vaak in de kleine, alledaagse momenten van het leven.

Uiteindelijk keerde Ruben terug naar zijn dorp, verrijkt door zijn reis en vervuld van een diep gevoel van vrede. Hij wist dat hij misschien niet alle antwoorden had gevonden die hij zocht, maar hij wist ook dat de reis zelf de moeite waard was geweest. Want in de reis had hij de schoonheid van het leven ontdekt, de kracht van de liefde gevoeld en de essentie van zijn eigen ziel gevonden. En dat, besefte hij, was meer dan genoeg.

The Journey of the Soul Seeker

Once upon a time, there was a man named Ruben, a simple soul with a burning desire deep in his heart. He dreamed of exploring the world, not just the physical world around him, but also the inner world of the soul. Ruben lived in a small village on the outskirts of the big city, where people lived in the daily grind of life. But for Ruben, there was more than just the everyday routine. He felt an insatiable hunger for knowledge, for wisdom that reached beyond what he could see and touch.

One day, Ruben made a decision that would change his life forever. He decided to embark on a journey, not only to distant lands and exotic places, but also to the depths of his own soul. He wanted to discover the truth, about life, love, and the essence of human existence.

And so Ruben began his journey, his feet leading him to unknown destinations and unexpected encounters. He wandered through the streets of the city, where he heard the stories of strangers and smelled the scents of exotic food. He crossed the desert, where the heat burned his skin and his thirst scorched his throat. He climbed to the top of the mountain, where the air was thin and his breath caught in his chest.

But it wasn't just the physical world that Ruben discovered during his journey. He met wise men and women who revealed to him the secrets of the universe, who taught him about the power of love and the meaning of life. He delved deep into his own soul, where he was confronted with his deepest fears and desires, his darkest secrets and brightest dreams.

And as Ruben continued his journey, his understanding of the world and himself grew. He learned that life is a journey, a journey of discovery and growth, of falling and rising, of love and loss. And he learned that the truth is not always found in grand gestures and words, but often in the small, everyday moments of life.

Ultimately, Ruben returned to his village, enriched by his journey and filled with a deep sense of peace. He knew that he may not have found all the answers he sought, but he also knew that the journey itself had been worth it. Because in the journey, he had discovered the beauty of life, felt the power of love, and found the essence of his own soul. And that, he realized, was more than enough.

De Dans van de Tijd

In een schilderachtig dorpje aan de rand van de wereld leefde een vrouw genaamd Elena. Ze was een zigeunerin, geboren onder de glinsterende sterrenhemel en gedoopt in de magie van de maan. Haar leven was doordrenkt met mysterie en avontuur, haar hart vervuld van verlangen naar vrijheid en liefde.

Elena woonde in een klein huisje aan de rand van het bos, waar de bomen fluisterden en de rivier zong. Ze was een vrouw van vele talenten, bekend om haar kunstige handen en betoverende stem. Ze danste onder de maan, haar lichaam bewegend in harmonie met de muziek van de natuur.

Op een warme zomerdag kwam er een vreemdeling naar het dorp, een man met donkere ogen en een mysterieuze glimlach. Zijn naam was Diego, een reiziger op zoek naar avontuur en inspiratie. Vanaf het moment dat hij Elena zag, wist hij dat zijn leven voorgoed zou veranderen.

Diego en Elena werden verliefd, hun harten verstrengeld in een dans van passie en verlangen. Ze zwierden door de straten van het dorp, hun lichamen gehuld in de warme gloed van de zonsondergang. Ze verkenden de wereld samen, hun zielen verbonden door een onzichtbare draad van liefde.

Maar hun geluk was niet van lange duur. Op een stormachtige nacht werd Elena ontvoerd door een bende rovers, haar lichaam weggevoerd naar een verre bergtop. Diego was ontroostbaar, zijn hart gebroken door verdriet en woede. Hij zwoer haar te vinden, koste wat het kost, en haar terug te brengen naar huis.

En dus begon Diego aan zijn zoektocht, zijn voeten hem leidend naar duistere plaatsen en gevaarlijke avonturen. Hij trok door donkere bossen en over besneeuwde bergtoppen, zijn gedachten altijd bij Elena. Hij vocht met draken en demonen, zijn zwaard glinsterend in het maanlicht. Hij trotseerde de elementen en overwon de angsten die hem achtervolgden.

Uiteindelijk vond Diego Elena, gevangen in een toren hoog boven de wolken. Hij klom naar boven, zijn hart bonzend in zijn borst, en bevrijdde haar uit de klauwen van haar ontvoerders. Ze vielen in elkaars armen, hun liefde sterker dan ooit tevoren.

Diego en Elena keerden terug naar het dorp, waar ze werden begroet door de vreugdevolle kreten van de dorpsbewoners. Ze dansten onder de sterrenhemel, hun harten vervuld van vreugde en dankbaarheid. En terwijl ze samen dansten, wisten ze dat hun liefde voor altijd zou voortduren, verankerd in de tijd zelf.

The Dance of Time

In a picturesque village on the edge of the world lived a woman named Elena. She was a gypsy, born under the glittering starry sky and baptized in the magic of the moon. Her life was infused with mystery and adventure, her heart filled with a longing for freedom and love.

Elena lived in a small cottage on the edge of the forest, where the trees whispered and the river sang. She was a woman of many talents, known for her skillful hands and enchanting voice. She danced under the moon, her body moving in harmony with the music of nature.

On a warm summer day, a stranger came to the village, a man with dark eyes and a mysterious smile. His name was Diego, a traveler in search of adventure and inspiration. From the moment he saw Elena, he knew that his life would change forever.

Diego and Elena fell in love, their hearts entwined in a dance of passion and desire. They swept through the streets of the village, their bodies bathed in the warm glow of the sunset. They explored the world together, their souls connected by an invisible thread of love.

But their happiness was short-lived. On a stormy night, Elena was kidnapped by a band of robbers, her body taken away to a distant mountaintop. Diego was inconsolable, his heart broken by grief and anger. He vowed to find her, no matter the cost, and bring her back home.

And so Diego embarked on his quest, his feet leading him to dark places and dangerous adventures. He journeyed through dark forests and over snow-capped mountain peaks, his thoughts always with Elena. He fought dragons and demons, his sword gleaming in the moonlight. He braved the elements and conquered the fears that haunted him.

Eventually, Diego found Elena, imprisoned in a tower high above the clouds. He climbed up, his heart pounding in his chest, and freed her from the clutches of her captors. They fell into each other's arms, their love stronger than ever before.

Diego and Elena returned to the village, where they were greeted by the joyful cries of the villagers. They danced under the starry sky, their hearts filled with joy and gratitude. And as they danced together, they knew that their love would endure forever, anchored in time itself.

De Wolken en de Berg

De zon scheen fel aan de hemel boven de uitgestrekte vlaktes van de Alpen. Beneden, tussen de groene valleien en de kabbelende beekjes, lag een klein bergdorpje verscholen. Het was een plek waar de tijd leek stil te staan, waar de mensen leefden in harmonie met de natuur om hen heen.

In het dorp woonde een man genaamd Piet. Hij was een stille, teruggetrokken figuur, met een gezicht dat getekend was door de zon en de wind. Zijn leven draaide om de bergen, de eeuwige bewakers van zijn geboortegrond.

Elke ochtend stond Piet vroeg op, nog voor de zon opkwam boven de bergtoppen. Hij klom naar boven, hoger en hoger, tot hij de wolken kon aanraken met zijn handen. Daar, hoog boven de wereld, voelde hij zich vrij, één met de wind en de lucht.

Op een dag, terwijl Piet naar boven klom, zag hij iets vreemds aan de horizon. Een donkere massa, als een storm die op komst was, maar dan anders. Hij tuurde naar de lucht, zijn ogen vernauwd tegen het felle zonlicht, en zag de wolken zich samenpakken boven de bergtoppen.

Piet voelde een onrust in zijn borst, een gevoel van onheil dat hem deed huiveren. Hij wist dat er iets niet klopte, dat de bergen niet zo rustig zouden blijven als ze leken. En dus besloot hij terug te keren naar het dorp, om de mensen te waarschuwen voor het dreigende gevaar.

Maar toen Piet het dorp bereikte, vond hij de mensen druk bezig met hun dagelijkse bezigheden. Ze lachten en praatten, zich niet bewust van het gevaar dat boven hun hoofden hing. Piet probeerde hen te waarschuwen, zijn stem luid en dringend, maar niemand leek te luisteren. En dus besloot Piet alleen verder te gaan, terug naar de bergen die hij zo goed kende. Hij klom naar boven, sneller dan hij ooit had geklommen, zijn hart bonzend in zijn borst. Hij wist dat hij niet kon voorkomen wat er komen ging, maar hij moest het in ieder geval proberen.

Boven op de berg zag Piet de wolken zich samenpakken, donker en dreigend als een naderende storm. Hij voelde de koude wind in zijn gezicht, hoorde het gerommel van de donder in de verte. En toen, plotseling, barstte de hemel open en kwam de regen met donderend geweld naar beneden.

Piet werd overspoeld door het water, zijn lichaam doorweekt tot op het bot. Hij klampte zich vast aan de rotsen, zijn handen bloedend van de inspanning. Maar zelfs terwijl de regen neerstortte en de bliksem de lucht verscheurde, bleef hij standvastig, vastberaden om de berg te trotseren.

En toen, na uren van strijd, trok de storm eindelijk weg en kwam de zon tevoorschijn achter de wolken. Piet keek om zich heen, zijn ogen rood van vermoeidheid, en zag de bergen om hem heen glinsteren in het zonlicht. Hij wist dat hij had gezegevierd, al was het maar voor even.

En zo klom Piet terug naar het dorp, zijn lichaam vermoeid maar zijn geest ongebroken. Hij wist dat de bergen altijd zouden blijven, altijd zouden waken over het land dat hij liefhad.

The Clouds and the Mountain

The sun shone brightly in the sky above the vast plains of the Alps. Below, nestled amidst green valleys and babbling brooks, lay a small mountain village. It was a place where time seemed to stand still, where people lived in harmony with the nature surrounding them.

In the village lived a man named Piet. He was a quiet, withdrawn figure, with a face weathered by the sun and wind. His life revolved around the mountains, the eternal guardians of his homeland.

Every morning, Piet rose early, even before the sun rose above the mountain peaks. He climbed upwards, higher and higher, until he could touch the clouds with his hands. There, high above the world, he felt free, one with the wind and the air.

One day, as Piet climbed upwards, he saw something strange on the horizon. A dark mass, like a storm approaching, but different. He squinted at the sky, his eyes narrowed against the bright sunlight, and saw the clouds gathering above the mountain peaks.

Piet felt a restlessness in his chest, a sense of impending doom that made him shudder. He knew that something was amiss, that the mountains would not remain as peaceful as they seemed. And so, he decided to return to the village, to warn the people of the impending danger.

But when Piet reached the village, he found the people busy with their daily activities. They laughed and talked, unaware of the danger looming above their heads. Piet tried to warn them, his voice loud and urgent, but no one seemed to listen.

And so, Piet decided to continue alone, back to the mountains he knew so well. He climbed upwards, faster than he had ever climbed before, his heart pounding in his chest. He knew that he could not prevent what was to come, but he had to try at least.

At the top of the mountain, Piet saw the clouds gathering, dark and menacing like an approaching storm. He felt the cold wind on his face, heard the rumble of thunder in the distance. And then, suddenly, the heavens opened up and the rain came pouring down with thunderous force.

Piet was engulfed by the water, his body soaked to the bone. He clung to the rocks, his hands bleeding from the effort. But even as the rain poured down and the lightning tore through the sky, he remained steadfast, determined to brave the mountain.

And then, after hours of struggle, the storm finally passed and the sun emerged from behind the clouds. Piet looked around, his eyes red with exhaustion, and saw the mountains around him glistening in the sunlight. He knew that he had emerged victorious, if only for a while.

And so Piet climbed back down to the village, his body weary but his spirit unbroken. He knew that the mountains would always remain, always watching over the land he loved.

De Stroom van Gedachten

In een rustig dorpje aan de rand van de rivier woonde een vrouw genaamd Anna. Haar dagen waren gevuld met eindeloze gedachten, als golven die tegen de oevers van haar geest klotsten. Ze dwaalde door de straten van het dorp, haar ogen afgeleid door de dansende lichtstralen die door de bladeren van de bomen vielen.

Anna had altijd al het gevoel gehad dat ze anders was dan de mensen om haar heen. Haar gedachten stroomden als een rivier die altijd in beweging was, nooit stilstaand, nooit rustend. Soms voelde ze zich als een vreemdeling in haar eigen geest, verdwaald in de wirwar van woorden en beelden die haar gedachten bevolkten.

Op een warme zomerdag besloot Anna een wandeling langs de rivier te maken. Ze liet haar gedachten de vrije loop, zoals ze altijd deed, en liet zich meevoeren op de stroom van haar geest. Ze voelde de zon op haar huid, de wind in haar haren, en de zachte bries die langs haar gezicht streek.

Terwijl Anna langs de oevers van de rivier liep, voelde ze een diepe rust over haar neerdalen. De geluiden van de natuur om haar heen leken te vervagen, vervangen door een stilte die alleen werd doorbroken door het zachte ruisen van het water. Ze sloot haar ogen en liet zich onderdompelen in de stilte, haar gedachten als bladeren die op de stroom van de rivier dreven.

Maar toen, plotseling, voelde Anna iets veranderen. Een gevoel van onrust dat haar deed huiveren, als een donkere wolk die zich boven haar hoofd samenpakte. Ze opende haar ogen en keek om zich heen, haar hart bonzend in haar borst, en zag iets wat haar deed verstijven van angst.

Aan de overkant van de rivier stond een figuur, een gestalte gehuld in schaduwen en geheimen. Anna kon niet zien wie het was, maar ze voelde een onheilspellende aanwezigheid die haar de adem benam. Ze wilde wegrennen, vluchten voor de duisternis die haar omhulde, maar haar voeten weigerden haar te gehoorzamen.

En dus bleef Anna staan, als versteend door de angst die haar verlamde. Ze voelde de ogen van de gestalte op haar rusten, als messen die door haar ziel sneden. En toen, plotseling, bewoog de gestalte zich, langzaam en dreigend, als een roofdier dat zijn prooi besloop.

Anna wist dat ze moest handelen, dat ze zich moest verzetten tegen de duisternis die haar omringde. Met al haar wilskracht richtte ze zich op, haar lichaam trillend van de inspanning, en riep met al haar kracht de naam van het licht.

En op dat moment gebeurde er iets wonderbaarlijks. De gestalte aan de overkant van de rivier leek te verbleken, te vervagen als een mist die werd weggeblazen door de wind. En toen, plotseling, verdween de duisternis en werd Anna omringd door het warme licht van de zon.

Ze keek om zich heen, haar ogen gevuld met verwondering, en zag dat de wereld om haar heen was veranderd. De bomen leken groener, de lucht leek helderder, en de rivier leek te zingen van vreugde. En in dat moment wist Anna dat ze had gezegevierd, dat ze de duisternis had verdreven en het licht had omarmd. En ze wist dat ze nooit meer dezelfde zou zijn.

The Flow of Thoughts

In a quiet village on the edge of the river lived a woman named Anna. Her days were filled with endless thoughts, like waves crashing against the banks of her mind. She wandered through the streets of the village, her eyes distracted by the dancing rays of light filtering through the leaves of the trees.

Anna had always felt different from the people around her. Her thoughts flowed like a river that was always in motion, never standing still, never resting. Sometimes she felt like a stranger in her own mind, lost in the maze of words and images that populated her thoughts.

On a warm summer day, Anna decided to take a walk along the river. She let her thoughts roam freely, as she always did, and let herself be carried away on the stream of her mind. She felt the sun on her skin, the wind in her hair, and the gentle breeze brushing against her face.

As Anna walked along the banks of the river, she felt a deep calm descend upon her. The sounds of nature around her seemed to fade away, replaced by a silence only broken by the gentle rustling of the water. She closed her eyes and allowed herself to be immersed in the silence, her thoughts like leaves drifting on the river's current.

But then, suddenly, Anna felt something change. A sense of unease that made her shudder, like a dark cloud gathering above her head. She opened her eyes and looked around, her heart pounding in her chest, and saw something that made her freeze with fear.

On the other side of the river stood a figure, a shape cloaked in shadows and secrets. Anna couldn't see who it was, but she felt a menacing presence that took her breath away. She wanted to run away, to flee from the darkness that surrounded her, but her feet refused to obey her.

And so Anna stood there, as if petrified by the fear that paralyzed her. She felt the eyes of the figure resting on her, like knives cutting through her soul. And then, suddenly, the figure moved, slowly and menacingly, like a predator stalking its prey.

Anna knew she had to act, that she had to resist the darkness that surrounded her. With all her willpower, she stood up, her body trembling with effort, and called out with all her strength the name of the light.

And at that moment, something miraculous happened. The figure on the other side of the river seemed to fade, to dissipate like mist being blown away by the wind. And then, suddenly, the darkness disappeared, and Anna was surrounded by the warm light of the sun.

She looked around, her eyes filled with wonder, and saw that the world around her had changed. The trees seemed greener, the sky seemed brighter, and the river seemed to sing with joy. And in that moment, Anna knew that she had triumphed, that she had banished the darkness and embraced the light. And she knew that she would never be the same again.

De Uil

In het diepst van de nacht, wanneer de wereld gehuld was in een deken van duisternis, dwaalde een eenzame man door het bos. Zijn naam was Karel, een zwijgzame figuur met een gezicht getekend door de tijd. Hij had lang geleden de drukte van de stad achtergelaten, op zoek naar rust en eenzaamheid onder de sterren.

Terwijl Karel zijn weg baande tussen de bomen, hoorde hij plotseling een geluid dat zijn hart deed stilstaan. Het was het geluid van een uil, haar roep scherp en indringend in de nacht. Karel stond stil en keek om zich heen, zijn ogen zoekend naar het bron van het geluid.

Daar, hoog in de toppen van de bomen, zag hij haar zitten. Een majestueuze uil, met grote ogen die glinsterden in het maanlicht. Ze keek naar beneden op Karel, haar blik vol mysterie en wijsheid. Voor een moment leken hun ogen elkaar te ontmoeten, en Karel voelde een vreemde connectie met het dier.

Zonder een woord te zeggen, vervolgde Karel zijn weg door het bos. Maar de uil liet hem niet los. Telkens wanneer hij dacht dat hij haar achter zich had gelaten, hoorde hij weer haar roep, als een echo die hem bleef achtervolgen. Het leek alsof ze hem riep, alsof ze een boodschap voor hem had die hij moest horen.

En dus besloot Karel terug te keren naar de plek waar hij de uil had gezien. Hij klom naar boven, hoger en hoger, tot hij eindelijk oog in oog stond met het dier. De uil keek hem aan, haar ogen glinsterend in het maanlicht, en Karel voelde zich overweldigd door haar aanwezigheid.

Voor een moment leken tijd en ruimte te vervagen, en Karel voelde zich één met de uil. Hij voelde haar kracht, haar wijsheid, en de eeuwenoude kennis die ze met zich mee leek te dragen. En toen, plotseling, sprak de uil tot hem, haar stem als een fluistering in de wind.

"Luister, Karel," zei de uil, haar stem helder en krachtig. "Luister naar de stem van de natuur, naar de wijsheid van het bos. Je bent op zoek naar antwoorden, naar een doel in dit leven. Maar weet dat de antwoorden niet altijd voor de hand liggen, en dat het pad naar wijsheid vaak vol obstakels is."

Karel luisterde aandachtig naar de woorden van de uil, zijn hart vervuld van verwondering en ontzag. Hij wist dat hij de waarheid in haar woorden kon voelen, dat ze hem iets belangrijks te vertellen had. En toen, plotseling, leek de uil op te stijgen, haar vleugels wijd uitgespreid tegen de nachtelijke lucht.

"Ga, Karel," zei de uil, haar stem nu een zachte bries in de wind. "Ga en vind je eigen pad, je eigen weg in deze wereld. Weet dat ik altijd over je zal waken, altijd je gids zal zijn in tijden van twijfel en onzekerheid."

En met dat verdween de uil in de nacht, haar gestalte langzaam opgaand in de duisternis. Karel bleef achter, zijn hart vervuld van dankbaarheid en hoop. Hij wist dat hij zijn weg zou vinden, dat hij zijn bestemming zou bereiken, met de wijsheid van de uil als zijn leidraad. En terwijl hij zijn weg vervolgde door het bos, voelde hij zich één met de natuur, één met het leven zelf.

The Owl

In the depths of the night, when the world was shrouded in a blanket of darkness, a solitary man wandered through the forest. His name was Karel, a silent figure with a face marked by time. Long ago, he had left behind the hustle and bustle of the city, seeking peace and solitude under the stars.

As Karel made his way among the trees, he suddenly heard a sound that made his heart stop. It was the sound of an owl, her call sharp and penetrating in the night. Karel stopped and looked around, his eyes searching for the source of the sound.

There, high in the treetops, he saw her. A majestic owl, with large eyes gleaming in the moonlight. She looked down at Karel, her gaze full of mystery and wisdom. For a moment, their eyes seemed to meet, and Karel felt a strange connection with the animal.

Without saying a word, Karel continued on his way through the forest. But the owl did not let him go. Whenever he thought he had left her behind, he heard her call again, like an echo haunting him. It seemed as if she was calling to him, as if she had a message for him that he needed to hear.

And so Karel decided to return to the place where he had seen the owl. He climbed upwards, higher and higher, until he finally stood face to face with the animal. The owl looked at him, her eyes gleaming in the moonlight, and Karel felt overwhelmed by her presence.

For a moment, time and space seemed to fade away, and Karel felt one with the owl. He felt her strength, her wisdom, and the ancient knowledge she seemed to carry with her. And then, suddenly, the owl spoke to him, her voice like a whisper in the wind.

"Listen, Karel," said the owl, her voice clear and powerful. "Listen to the voice of nature, to the wisdom of the forest. You are searching for answers, for a purpose in this life. But know that the answers are not always obvious, and that the path to wisdom is often full of obstacles."

Karel listened attentively to the owl's words, his heart filled with wonder and awe. He knew he could feel the truth in her words, that she had something important to tell him. And then, suddenly, the owl seemed to take flight, her wings spread wide against the night sky.

"Go, Karel," said the owl, her voice now a gentle breeze in the wind. "Go and find your own path, your own way in this world. Know that I will always watch over you, always be your guide in times of doubt and uncertainty."

And with that, the owl disappeared into the night, her figure slowly blending into the darkness. Karel was left behind, his heart filled with gratitude and hope. He knew he would find his way, that he would reach his destination, with the wisdom of the owl as his guide. And as he continued on his way through the forest, he felt one with nature, one with life itself.

De Nieuwe Stoel

In een rustige wijk aan de rand van de stad woonde een vrouw genaamd Maria. Ze was een vriendelijke en zorgzame vrouw, geliefd bij haar buren en bekend om haar warme glimlach. Maar ondanks haar vriendelijkheid had Maria een geheim dat ze met niemand deelde.

Al jarenlang leed Maria aan rugpijn. Elke dag werd ze geplaagd door een constante, zeurende pijn die haar leven beheerste. Ze had van alles geprobeerd om de pijn te verlichten - medicijnen, therapie, zelfs yoga - maar niets leek te helpen. Tot op een dag, toen Maria een advertentie zag voor een nieuwe ergonomische stoel die beloofde rugpijn te verlichten.

Zonder aarzeling besloot Maria de stoel te kopen. Ze was sceptisch, zoals ze altijd was met nieuwe behandelingen, maar ze was ook wanhopig. En dus wachtte ze vol spanning op de dag dat de stoel zou worden bezorgd.

Toen de stoel eindelijk arriveerde, voelde Maria een golf van opwinding door haar heen gaan. Ze haastte zich naar de doos, haar handen trillend van opwinding, en begon de stoel in elkaar te zetten. En toen ze eindelijk klaar was, ging ze voorzichtig zitten, haar adem inhoudend in afwachting van wat komen ging.

En daar gebeurde het wonder. Zodra Maria in de stoel ging zitten, voelde ze een onmiddellijke verlichting van haar rugpijn. De pijn die haar jarenlang had geplaagd leek als bij toverslag te verdwijnen, vervangen door een gevoel van diepe ontspanning en welzijn. Maria kon haar geluk niet op en zat urenlang in de stoel, genietend van de verlichting die het haar bracht.

Maar na verloop van tijd begon Maria iets vreemds op te merken. Telkens wanneer ze in de stoel ging zitten, leek ze meer en meer te veranderen. Haar vrienden merkten het ook op - ze zeiden dat ze er jonger en vitaler uitzag, alsof de stoel haar jeugd had teruggegeven. En terwijl Maria genoot van de positieve veranderingen die de stoel in haar leven bracht, begon ze ook te twijfelen.

Was het mogelijk dat de stoel meer was dan alleen maar een comfortabel meubelstuk? Was het mogelijk dat het een soort magische kracht had die haar kon genezen van haar pijn en haar jeugd kon terugbrengen? Maria wist dat het klinkklare onzin was, maar ze kon de gedachte niet uit haar hoofd zetten.

En dus besloot Maria op onderzoek uit te gaan. Ze begon te graven in de geschiedenis van de stoel, op zoek naar aanwijzingen die haar konden helpen de waarheid te achterhalen. En wat ze ontdekte, verbaasde haar meer dan ze ooit had kunnen denken.

Het bleek dat de stoel was gemaakt door een beroemde meubelmaker uit de 19e eeuw, een man die bekend stond om zijn kennis van ergonomie en zijn geheime kennis van magie. Hij had de stoel ontworpen als een manier om mensen te genezen van hun kwalen en hun jeugd terug te brengen, en had er al zijn kennis en kunde in gestoken om het een krachtig en magisch object te maken.

Maria kon haar ogen niet geloven toen ze het nieuws hoorde. Het leek te mooi om waar te zijn, te fantastisch om werkelijkheid te zijn. Maar toen ze weer in de stoel ging zitten, voelde ze opnieuw de verlichting van haar pijn en de jeugdige energie die door haar aderen stroomde. En op dat moment wist Maria dat de stoel meer was dan alleen maar een meubelstuk - het was een wonder, een geschenk uit een andere tijd dat haar leven voor altijd zou veranderen.

The New Chair

In a quiet neighborhood on the outskirts of the city lived a woman named Maria. She was a friendly and caring woman, loved by her neighbors and known for her warm smile. But despite her kindness, Maria had a secret that she didn't share with anyone.

For years, Maria had suffered from back pain. Every day, she was plagued by a constant, nagging pain that dominated her life. She had tried everything to relieve the pain - medications, therapy, even yoga - but nothing seemed to help. Until one day, when Maria saw an advertisement for a new ergonomic chair that promised to relieve back pain.

Without hesitation, Maria decided to buy the chair. She was skeptical, as she always was with new treatments, but she was also desperate. And so she waited eagerly for the day the chair would be delivered.

When the chair finally arrived, Maria felt a wave of excitement wash over her. She hurried to the box, her hands trembling with excitement, and began assembling the chair. And when she was finally done, she sat down carefully, holding her breath in anticipation of what was to come.

And then the miracle happened. As soon as Maria sat in the chair, she felt an immediate relief from her back pain. The pain that had plagued her for years seemed to disappear as if by magic, replaced by a feeling of deep relaxation and well-being. Maria couldn't believe her luck and sat in the chair for hours, enjoying the relief it brought her.

But over time, Maria began to notice something strange. Every time she sat in the chair, she seemed to change more and more. Her friends noticed it too - they said she looked younger and more vibrant, as if the chair had given her back her youth. And while Maria enjoyed the positive changes the chair brought to her life, she also began to doubt.

Was it possible that the chair was more than just a comfortable piece of furniture? Was it possible that it had some kind of magical power that could heal her pain and restore her youth? Maria knew it was utter nonsense, but she couldn't shake the thought from her mind.

And so Maria decided to investigate. She began digging into the history of the chair, searching for clues that could help her uncover the truth. And what she discovered amazed her more than she could have ever imagined.

It turned out that the chair was made by a famous 19th-century furniture maker, a man known for his expertise in ergonomics and his secret knowledge of magic. He had designed the chair as a way to heal people of their ailments and restore their youth, pouring all his knowledge and skill into making it a powerful and magical object.

Maria couldn't believe her eyes when she heard the news. It seemed too good to be true, too fantastic to be real. But when she sat in the chair again, she felt once more the relief of her pain and the youthful energy coursing through her veins. And in that moment, Maria knew that the chair was more than just a piece of furniture - it was a miracle, a gift from another time that would change her life forever.

Het Oude Huis

In het afgelegen platteland van Frankrijk stond een oud huis, verscholen tussen de bomen aan de rand van een uitgestrekte vallei. Het huis was al vele generaties in bezit van de familie Dupont, een eenvoudige familie van boeren die al hun hele leven op het land werkten.

Het huis had ooit stralend gestaan, met zijn witgekalkte muren en glanzende ramen die het zonlicht weerkaatsten. Maar de tand des tijds had zijn tol geëist, en nu stond het huis daar, vervallen en verlaten, een schim van zijn vroegere glorie.

Toch was er iets aan het huis dat mensen bleef fascineren. Misschien was het de geschiedenis die in de muren leek te zijn opgesloten, of misschien was het de rust en de stilte die het omhulde. Wat het ook was, mensen van heinde en verre kwamen om het huis te zien, om te proberen het mysterie te ontrafelen dat het leek te omringen.

Op een warme zomerdag besloot een jonge vrouw genaamd Sophie het huis te verkennen. Ze had al zoveel verhalen over het huis gehoord, over de geesten die er zouden rondwaren en de verborgen schatten die er zouden liggen. En dus trok ze haar wandelschoenen aan en begon aan de tocht door het bos naar het huis.

Toen Sophie het huis bereikte, voelde ze een rilling over haar rug lopen. Het huis leek te leven, te ademen, alsof het een eigen geest had die haar in de gaten hield. Maar Sophie liet zich niet afschrikken. Met een vastberaden blik stapte ze over de drempel en betrad het huis.

Binnen was het donker en bedompt, de lucht zwaar van de geur van verrotting en schimmel. Maar Sophie liet zich niet uit het veld slaan. Met een zaklamp in de hand begon ze het huis te verkennen, elke kamer doorzoekend op zoek naar aanwijzingen die haar konden helpen het mysterie te ontrafelen.

Maar hoe meer ze zocht, hoe meer ze besefte dat het huis zijn geheimen niet zomaar prijsgaf. De muren leken te zwijgen, de vloeren te kraken onder haar voeten. En toen, plotseling, hoorde Sophie een geluid dat haar deed huiveren - een zacht gefluister, als een stem uit een ver verleden.

Ze draaide zich om en zag een schim in de duisternis, een gestalte gehuld in schaduwen en geheimen. Het leek alsof het huis tot leven was gekomen, alsof het zijn eigen verhaal wilde vertellen aan degene die bereid was te luisteren. En Sophie wist dat ze moest blijven, dat ze moest blijven zoeken naar antwoorden.

En dus zette ze haar zoektocht voort, elk hoekje en gaatje van het huis doorzoekend op zoek naar aanwijzingen. En toen, na uren van zoeken, vond ze eindelijk waar ze naar op zoek was - een oud dagboek, verstopt onder een losse plank in de vloer.

Met trillende handen opende Sophie het dagboek en begon te lezen. En wat ze ontdekte, verbaasde haar meer dan ze ooit had kunnen denken. Het dagboek was van een jonge vrouw genaamd Marie, die meer dan een eeuw geleden in het huis had gewoond. En haar verhaal, haar leven vol liefde en verlies, sprak rechtstreeks tot Sophie's hart.

Toen Sophie het laatste woord van het dagboek las, voelde ze een traan over haar wang rollen. Ze wist dat ze het antwoord had gevonden waar ze naar op zoek was, dat het huis haar zijn geheimen had prijsgegeven. En terwijl ze het dagboek terugplaatste waar ze het had gevonden, voelde ze een diepe verbondenheid met het huis, alsof ze deel uitmaakte van zijn verhaal, zijn geschiedenis. En terwijl ze het huis verliet en terugkeerde naar de buitenwereld, wist Sophie dat ze nooit zou vergeten wat ze daar had gevonden - een glimp van het verleden, een herinnering aan een tijd die voor altijd verloren was gegane.

The Old House

In the secluded countryside of France stood an old house, nestled among the trees on the edge of a vast valley. The house had been in the possession of the Dupont family for many generations, a simple family of farmers who had worked the land all their lives.

The house had once stood radiant, with its whitewashed walls and gleaming windows reflecting the sunlight. But the ravages of time had taken their toll, and now the house stood there, dilapidated and abandoned, a shadow of its former glory.

Yet there was something about the house that continued to fascinate people. Perhaps it was the history locked within its walls, or perhaps it was the peace and quiet that surrounded it. Whatever it was, people from far and wide came to see the house, to try to unravel the mystery that seemed to envelop it.

On a warm summer day, a young woman named Sophie decided to explore the house. She had heard so many stories about the house, about the ghosts that were said to haunt it and the hidden treasures that were said to lie within. And so she put on her hiking boots and began the trek through the forest to the house.

When Sophie reached the house, she felt a shiver run down her spine. The house seemed alive, breathing, as if it had a spirit of its own that was watching her. But Sophie was not deterred. With a determined look, she stepped across the threshold and entered the house.

Inside, it was dark and musty, the air heavy with the smell of decay and mold. But Sophie was undeterred. With a flashlight in hand, she began to explore the house, searching every room for clues that could help her unravel the mystery.

But the more she searched, the more she realized that the house was not willing to give up its secrets easily. The walls seemed to remain silent, the floors creaking beneath her feet. And then, suddenly, Sophie heard a sound that made her shudder - a soft whisper, like a voice from a distant past.

She turned around and saw a figure in the darkness, a shape shrouded in shadows and secrets. It was as if the house had come to life, as if it wanted to tell its own story to whoever was willing to listen. And Sophie knew that she had to stay, that she had to keep searching for answers.

And so she continued her quest, searching every nook and cranny of the house for clues. And then, after hours of searching, she finally found what she was looking for - an old diary, hidden under a loose floorboard. With trembling hands, Sophie opened the diary and began to read. And what she discovered amazed her more than she could have ever imagined. The diary belonged to a young woman named Marie, who had lived in the house more than a century ago. And her story, her life full of love and loss, spoke directly to Sophie's heart.

As Sophie read the last word of the diary, she felt a tear roll down her cheek. She knew that she had found the answer she was looking for, that the house had revealed its secrets to her. And as she replaced the diary where she had found it, she felt a deep connection to the house, as if she were part of its story, its history. And as she left the house and returned to the outside world, Sophie knew that she would never forget what she had found there - a glimpse of the past, a reminder of a time long lost.

De Vrijdag

Op een gewone vrijdagochtend werd Kees wakker met een gevoel van rust in zijn hart. De ochtendzon scheen door het raam van zijn kleine appartementje, en hij voelde zich vervuld van een vreemde, bijna kinderlijke vreugde. Het was alsof de wereld voor even stilstond, en Kees kon genieten van de eenvoudige schoonheid van het moment.

Kees was een eenvoudige man, met een rustig leven dat zich voornamelijk afspeelde tussen zijn werk als boekhouder en zijn kleine appartementje aan de rand van de stad. Hij had geen grote dromen of ambities, geen verlangen naar roem of rijkdom. Hij was tevreden met zijn eenvoudige leven, en dat was alles wat telde.

Maar op deze bijzondere vrijdagochtend voelde Kees zich anders dan normaal. Hij voelde een drang om eropuit te gaan, om de wereld te verkennen en te zien wat voor avonturen er op hem wachtten. En dus stapte hij uit bed, trok zijn kleren aan en begon aan zijn reis door de stad.

De straten waren rustig op deze vroege ochtend, slechts een handvol mensen die zich haastten naar hun werk of naar de markt. Kees liep rustig door de straten, genietend van de ochtendzon op zijn gezicht en de frisse lucht in zijn longen.

Terwijl hij liep, kwam Kees een oude vriend tegen die hij al jaren niet had gezien. Het was Bert, een oude studievriend die hij had ontmoet tijdens zijn studententijd. Bert was altijd een vrolijke en levendige jongen geweest, vol energie en enthousiasme voor het leven.

"Kees, oude vriend, wat een verrassing om jou hier tegen te komen!" riep Bert uit, zijn gezicht stralend van blijdschap. "Hoe gaat het met je?"

Kees glimlachte en schudde Bert de hand. "Het gaat goed met me, Bert. Ik voel me vandaag gewoon wat avontuurlijk, alsof ik de wereld wil verkennen."

Bert lachte. "Nou, dan ben je bij mij aan het juiste adres! Ik heb net een nieuwe baan gekregen als gids voor stadswandelingen. Waarom ga je niet met me mee? Ik kan je alle verborgen pareltjes van de stad laten zien."

Kees twijfelde even, maar toen besloot hij dat het een goed idee was. Hij had altijd al interesse gehad in de geschiedenis van de stad, en dit leek hem een uitgelezen kans om meer te weten te komen.

En dus begon Kees aan zijn stadswandeling met Bert, die hem meenam naar de meest fascinerende plekjes van de stad. Ze bezochten oude kerken en historische gebouwen, wandelden door smalle steegjes en over kronkelende grachten. En terwijl ze liepen, vertelde Bert verhalen over de geschiedenis van de stad, over koningen en koninginnen, over helden en schurken.

Na een paar uur waren Kees en Bert uitgeput maar voldaan. Ze hadden de hele stad doorkruist en waren op plekken geweest die Kees nooit voor mogelijk had gehouden. En hoewel hij moe was van het lopen, voelde Kees zich vervuld van een diepe vreugde, alsof hij eindelijk de wereld had ontdekt waar hij altijd al naar had verlangd.

Toen hij die avond thuiskwam, voelde Kees zich anders dan normaal. Hij voelde een diepe dankbaarheid voor het leven, voor de vriendschap van Bert en voor de schoonheid van de wereld om hem heen. En terwijl hij in bed lag, staarde hij naar het plafond en glimlachte. Want hij wist dat er nog veel meer avonturen op hem wachtten, en dat hij nooit zou stoppen met het verkennen van de wereld om hem heen.

Friday

On an ordinary Friday morning, Kees woke up with a feeling of peace in his heart. The morning sun shone through the window of his small apartment, and he felt filled with a strange, almost childlike joy. It was as if the world stood still for a moment, and Kees could enjoy the simple beauty of the moment.

Kees was a simple man, leading a quiet life mainly between his work as an accountant and his small apartment on the outskirts of the city. He had no big dreams or ambitions, no desire for fame or wealth. He was content with his simple life, and that was all that mattered.

But on this particular Friday morning, Kees felt different than usual. He felt a desire to go out, to explore the world and see what adventures awaited him. And so he got out of bed, dressed himself, and began his journey through the city.

The streets were quiet on this early morning, only a handful of people hurrying to work or to the market. Kees walked calmly through the streets, enjoying the morning sun on his face and the fresh air in his lungs.

As he walked, Kees ran into an old friend he hadn't seen in years. It was Bert, an old college friend he had met during his student days. Bert had always been a cheerful and lively boy, full of energy and enthusiasm for life.

"Kees, old friend, what a surprise to run into you here!" Bert exclaimed, his face radiant with joy. "How are you?"

Kees smiled and shook Bert's hand. "I'm doing well, Bert. I just feel a bit adventurous today, as if I want to explore the world."

Bert laughed. "Well, then you've come to the right place with me! I've just got a new job as a guide for city walks. Why don't you join me? I can show you all the hidden gems of the city."

Kees hesitated for a moment, but then he decided it was a good idea. He had always been interested in the history of the city, and this seemed like a perfect opportunity to learn more.

And so Kees started his city walk with Bert, who took him to the most fascinating spots of the city. They visited old churches and historic buildings, wandered through narrow alleys and along winding canals. And as they walked, Bert told stories about the history of the city, about kings and queens, about heroes and villains.

After a few hours, Kees and Bert were exhausted but satisfied. They had crossed the entire city and had been to places Kees had never thought possible. And although he was tired from walking, Kees felt filled with a deep joy, as if he had finally discovered the world he had always longed for.

When he returned home that evening, Kees felt different than usual. He felt a deep gratitude for life, for Bert's friendship, and for the beauty of the world around him. And as he lay in bed, staring at the ceiling, he smiled. Because he knew that there were still many adventures waiting for him, and that he would never stop exploring the world around him.